Klaus Dantrimont

Buch der Räume

Eine Einladung

Buch der Räume

Eine Einladung

Klaus Dantrimont

über Freiheit im Differenzfluss

Ein Denkweg in zwölf Kapiteln

für alle, die hören wollen, wo noch nichts gesagt wurde
für alle, die sich fragen, bevor sie entscheiden
für alle, die spüren, dass Werden wichtiger ist als Sein

FSC
www.fsc.org
MIX
Papier aus verantwortungsvollen Quellen
Paper from responsible sources
FSC® C105338

Bibliografische Information der Deutschen Nationalbibliothek:
Die Deutsche Nationalbibliothek verzeichnet diese Publikation in der Deutschen Nationalbibliografie; detaillierte bibliografische Daten sind im Internet über http://dnb.dnb.de abrufbar.

Verlag: BoD · Books on Demand GmbH, Überseering 33, 22297 Hamburg, bod@bod.de

Druck: Libri Plureos GmbH, Friedensallee 273, 22763 Hamburg
ISBN: 978-3-7597-7546-7

Inhaltsverzeichnis

An den Leser

Dieses Buch ist keine Anleitung.
Es ist ein Wegstück.

Es versucht nicht, Freiheit zu definieren, sondern sie **aus verschiedenen Blickwinkeln zu betrachten** – als Bewegung, als Struktur, als Möglichkeit.
Was du darin findest, hängt davon ab, **wie du liest**.

Vielleicht begegnen dir Gedanken, die dich berühren. Vielleicht nur ein leiser Widerhall. Vielleicht auch Widerspruch – auch das ist willkommen. Denn was hier geschrieben steht, ist kein Abschluss, sondern ein **Anstoß**.

Dieses Buch ist dir gewidmet –
dem Menschen, der bereit ist, genauer hinzusehen.
Der Unterschiede wahrnimmt, wo andere Gleichgültigkeit sehen.
Der nicht wissen muss, wohin der Weg führt, um zu gehen.

Möge es dir ein kleines Fenster sein.

1. EINLEITUNG

Warum wir die Freiheit neu betrachten müssen

Freiheit.
Ein Wort, das leuchtet, schmerzt, verspricht.
Ein Wort, das von Kämpfen erzählt, von Träumen, von Grenzen und ihrem Überschreiten.
Ein Wort, das so oft benutzt wurde, dass es beinahe stumpf klingt – und doch bleibt es eines der tiefsten, menschlichsten, drängendsten.

Aber was ist Freiheit eigentlich?
Ein Zustand? Ein Recht? Eine Illusion?
Ist Freiheit die Abwesenheit von Zwang?
Oder die Fähigkeit, etwas zu wollen, das nicht schon vorherbestimmt ist?

Vielleicht haben wir bisher in zu engen Bahnen gedacht.
Vielleicht ist Freiheit kein Besitz, sondern eine **Bewegung**.
Kein Ding, sondern eine **Relation**.
Kein Ort, sondern ein **Moment im Fluss der Möglichkeiten**.

Dieses kleine Buch unternimmt den Versuch, den Begriff der Freiheit aus einem neuen Blickwinkel zu betrachten – aus der Perspektive des **Differenzflusses**:
eines Modells, das nicht vom Sein ausgeht, sondern vom Unterschied.

Nicht vom Objekt, sondern von der Relation.
Nicht von festen Zuständen, sondern von **rekursiven Prozessen**, in denen Welt, Subjekt und Bedeutung erst entstehen.

Wenn alles aus Differenzen entsteht, wenn jede Struktur ein **temporäres Gleichgewicht im Spiel der Unterschiede** ist – was bedeutet das dann für die Freiheit?

Wir werden sehen:
Freiheit ist kein Zustand.
Sie ist **die Möglichkeit zur Differenzierung**.
Ein Fenster im Gewebe des Werdens.
Ein Raum, in dem etwas Neues entstehen kann – und darf.

Annäherungen an einen beweglichen Begriff

Freiheit ist ein Begriff mit vielen Gesichtern. In der politischen Philosophie wird sie oft unterschieden in **negative Freiheit** – die Freiheit **von** äußeren Zwängen – und **positive Freiheit** – die Freiheit **zu** etwas, etwa zur Selbstverwirklichung. In der Existenzphilosophie erscheint sie als das Erschrecken vor der eigenen Wahl, in der Alltagssprache hingegen als das Gegenteil von Gefangenschaft.

Diese Perspektiven sind nicht falsch – aber sie bleiben häufig innerhalb eines begrifflichen Rahmens, der von Dingen, Eigenschaften und Zuständen ausgeht. Was aber, wenn wir diese Rahmen selbst hinterfragen? Was, wenn wir Freiheit nicht als etwas betrachten, das jemand **hat**, sondern als etwas, das **entsteht**, **sich entfaltet**, **geschieht**?

In diesem Kapitel wollen wir uns schrittweise annähern – nicht mit Definitionen, sondern mit **Bewegungen**. Denn der Begriff der Freiheit ist kein Fixpunkt, sondern ein **Wanderstern**.

Freiheit als Abwesenheit von Zwang

Dies ist die klassische "negative" Definition: Man ist frei, wenn niemand einen zwingt. Sie funktioniert gut in politischen Kontexten, im Recht, in der Abgrenzung gegen Gewalt. Doch sie sagt wenig darüber, **was man mit dieser Freiheit anfangen kann**. Sie ist **notwendig**, aber nicht **hinreichend**.

Freiheit als Selbstbestimmung

Die positive Definition versucht mehr: Freiheit heißt, dass ich **selbst** entscheide. Doch wer ist dieses "Ich"? Wie entsteht es? Woraus wählt es? Ist es wirklich autonom – oder selbst Produkt von Prägung, Kultur, Biografie, Genetik?

Je tiefer wir schauen, desto mehr verschwimmt der feste Boden. Vielleicht ist auch das ein Teil der Freiheit: **die Bereitschaft, festen Boden aufzugeben**, um auf dem Strom der Möglichkeiten zu balancieren.

Freiheit als emergente Struktur

Wenn wir mit den Augen des Differenzflusses sehen, dann ist Freiheit **kein Zustand**, sondern eine **lokale Eigenschaft eines rekursiven Systems**: Die Möglichkeit, auf Unterschiede nicht nur zu **reagieren**, sondern **neue** Unterschiede zu erzeugen – und dabei **kohärent** zu bleiben.

Freiheit ist dann nicht das Gegenteil von Notwendigkeit, sondern ihr **Spielraum**. Sie ist das, was passiert, wenn ein System **nicht vollständig determiniert**, sondern **offen** ist – für Alternativen, für Neues, für Umwege.

Wir beginnen zu ahnen: Freiheit ist kein Ding. Sie ist eine **Eigenschaft des Werdens**

3. DIFFERENZFLUSS: DAS MODELL

Wie aus Unterschieden Welt entsteht

Bevor wir die Freiheit im Licht des Differenzflusses betrachten können, müssen wir verstehen, was dieses Modell meint. Der Differenzfluss ist kein physikalischer Fluss im Raum, sondern ein **abstraktes Strukturprinzip**. Er beschreibt die Entstehung und Entwicklung von Strukturen aus dem fortlaufenden Spiel von Unterschieden.

Am Anfang steht nicht ein Ding, sondern eine **Differenz**. Ein Unterschied. Eine Asymmetrie. Diese Differenz ist nicht zwischen Dingen – sie **macht** die Dinge erst. Sie erzeugt Struktur, indem sie sich **rekursiv entfaltet**.

Differenz erzeugt Struktur

Wenn eine Differenz existiert, kann sie Grundlage für eine weitere Differenz sein. So entsteht ein **Netzwerk aus Differenzen**, ein gerichteter Fluss von Verzweigungen. Manche Pfade verstärken sich, andere verlöschen. Einige werden zu stabilen Mustern – das nennen wir dann "Dinge", "Zustände" oder "Gesetze".

Im Differenzfluss ist also nichts statisch. Alles ist **Relation**, **Prozess**, **Emergenz**. Selbst Identität ist eine wiederkehrende Struktur im Strom von Unterscheidungen.

Rekursive Selbstbezüglichkeit

Ein zentrales Moment im Differenzfluss ist die **Rekursion**: Strukturen, die auf sich selbst zurückwirken. Ein System, das nicht nur Unterschiede erzeugt, sondern dabei seine eigene Struktur beeinflusst. Das führt zu **Selbstorganisation**, **Stabilität** – und manchmal zu **Subjektivität**.

Der Beobachter im Fluss

Auch der Beobachter ist Teil des Differenzflusses. Jede Wahrnehmung, jedes Denken ist selbst ein rekursiver Differenzierungsprozess. Der Blick auf die Welt erzeugt die Welt, die gesehen wird. In diesem Modell ist **Erkenntnis kein Zugriff auf ein Außen**, sondern eine **Teilnahme am Strom**.

Konsequenz für das Freiheitsverständnis

Wenn alles im Werden ist, dann ist Freiheit kein Sonderzustand, sondern eine **lokale Offenheit innerhalb eines differenzierenden Prozesses**. Sie hängt nicht von einem freien Willen ab, der ex nihilo entscheidet, sondern von der **Struktur der Möglichkeitsräume**, die ein System erzeugt, durchläuft oder stabilisiert.

Der Differenzfluss liefert damit ein Fundament für ein Freiheitsverständnis, das dynamisch, relationell und anschlussfähig an komplexe Systeme ist. Und genau hier setzen wir nun an.

Wie Differenzräume entstehen und was sie ermöglicht

Wenn wir Freiheit als Eigenschaft im Differenzfluss betrachten, verändert sich unser Blick grundlegend. Freiheit ist dann kein abstraktes Ideal, sondern eine **lokale Eigenschaft eines dynamischen Systems**: die Möglichkeit, innerhalb einer Struktur neue Unterschiede zu generieren – ohne sofort in starre Rückkopplungen zu geraten.

Der Knoten im Fluss

Stellen wir uns eine Struktur im Differenzfluss vor wie einen Knoten in einem Netzwerk: Er entsteht, weil bestimmte Unterschiede sich stabilisieren. Aber dieser Knoten ist nicht geschlossen – er steht in Beziehung zu anderen. Manche seiner Ausgänge sind stark gekoppelt, andere noch **offen**. Dort, wo neue Verzweigungen entstehen können, beginnt die Freiheit.

Freiheit heißt dann:
- dass ein System **nicht vollständig vorbestimmt** ist,
- dass es über **innere Plastizität** verfügt,
- und dass es **Differenzen erzeugen** kann, die nicht nur Reaktion, sondern **Innovation** sind.

Die Rolle der Rückkopplung

Rückkopplung ist ein zentrales Prinzip in rekursiven Systemen. Ohne sie gäbe es keine Stabilität. Aber zu starke Rückkopplung kann ein System einfrieren – es verliert seine Offenheit, wird unflexibel. Freiheit entsteht im **Spannungsfeld zwischen Stabilität und Wandel**. Sie ist die Zone, in der **noch nicht entschieden ist**, wie es weitergeht – und in der **Entscheidbarkeit möglich ist**.

Freiheit als Divergenzraum

In manchen Bereichen des Differenzflusses divergieren die Pfade stark – kleine Unterschiede führen zu sehr unterschiedlichen Entwicklungen. Diese Bereiche nennen wir hier **Divergenzräume**. Je größer die Divergenz, desto höher die potenzielle Freiheit – aber auch die Unsicherheit.
Freiheit ist also kein Zustand der Kontrolle, sondern des **kontrollierten Kontrollverlusts**. Wer frei ist, riskiert sich – und damit Neues.

Beispiele aus Natur und Kultur

- In der Biologie: Evolutive Freiheit zeigt sich dort, wo neue Mutationen nicht sofort eliminiert, sondern ausprobiert werden können.
- In der Kultur: Künstlerische Freiheit entsteht, wo Normen gebrochen werden dürfen, ohne sofort aus dem System zu fallen.
- In der Bildung: Pädagogische Freiheit zeigt sich, wenn Lernende eigene Wege finden dürfen – begleitet, aber nicht bevormundet.

Freiheit im Differenzfluss ist also kein Luxus, sondern ein **notwendiges Element lebendiger Systeme**. Sie ermöglicht Entwicklung, Vielfalt, Resilienz – und manchmal sogar Bewusstsein.

In den kommenden Kapiteln werden wir sehen, wie diese Offenheit strukturiert, bedroht oder kultiviert werden kann.

Subjektivität als rekursive Stabilisierung

Was ist ein "Selbst" im Differenzfluss? Keine abgeschlossene Entität, kein fixierter Kern, sondern eine **rekursive Struktur**, die sich **selbst erzeugt und erhält**, indem sie Unterschiede verarbeitet – und dabei **kohärent** bleibt.

Das Selbst als Strudel im Strom

Ein passendes Bild ist der Strudel im Wasser: Er ist kein Objekt im klassischen Sinn, sondern eine **dynamische Stabilität**. Er existiert nur, solange bestimmte Bedingungen gegeben sind – ein Gleichgewicht aus Zufluss, Wirbel und Rückkopplung. Ähnlich ist das Selbst im Differenzfluss: ein **Muster** im Strom von Wahrnehmung, Gedächtnis, Handlung und Bedeutung.

Dieses Muster ist nicht starr – es verändert sich, lernt, passt sich an. Doch es bleibt erkennbar als "Ich", weil es bestimmte rekursive Schleifen **immer wieder durchläuft**. Identität ist Wiedererkennbarkeit im Wandel.

Kohärenz und Plastizität

Freiheit für ein solches Selbst bedeutet:
- dass es **nicht völlig starr** ist, also neue Differenzen aufnehmen und integrieren kann,
- aber auch **nicht völlig beliebig**, sondern ein gewisses Maß an **Kohärenz** aufrechterhält.

Ein vollständig offenes System zerfließt, ein vollständig geschlossenes verhärtet. Freiheit entsteht **zwischen diesen Extremen** – als **Plastizität mit innerem Bezugspunkt**.

Gedächtnis als temporäre Stabilisierung

Ein zentrales Element für die Ausbildung eines Selbst ist das Gedächtnis. Es erlaubt dem System, **Differenzen über Zeit zu stabilisieren** und auf frühere Zustände zu reagieren. So entsteht eine **temporale Tiefe**, eine Art **virtueller Ort**, in dem Bedeutung wachsen kann.

Reflexivität und Selbstmodellierung

Das Selbst im Differenzfluss ist nicht nur rekursiv, sondern auch **reflexiv**: Es kann sich **selbst beobachten**, modellieren, bewerten. Diese Fähigkeit zur Selbstbezüglichkeit ist nicht trivial – sie erzeugt Spannung, Paradoxien, aber auch enorme kreative Kraft.

Hier wird Freiheit besonders deutlich: Ein System, das **nicht nur auf Reize reagiert**, sondern sein eigenes Reagieren hinterfragen und verändern kann, hat Zugang zu **höherer Freiheitsdimension**.

Zwischen Festhalten und Loslassen

Freiheit im Selbst ist daher ein Tanz zwischen **Festhalten und Loslassen**: zwischen der Aufrechterhaltung eines inneren Zusammenhangs – und der Öffnung für Neues. Je bewusster dieser Tanz geschieht, desto tiefer kann die Freiheit empfunden und gestaltet werden.

Im nächsten Kapitel sehen wir, was geschieht, wenn dieser Tanz gestört wird – wenn Systeme sich verhärten, Schleifen sich schließen und Offenheit verloren geht: **die Struktur der Unfreiheit**.

Fixierung, Kontrolle und der Verlust von Offenheit

Nicht jedes rekursive System bleibt offen. Nicht jede Schleife lässt neue Differenzen zu. In vielen Fällen beginnen Systeme, sich selbst zu fixieren. Rückkopplungen verstärken sich, Pfade verengen sich, Möglichkeiten fallen aus. Was bleibt, ist eine **Struktur der Unfreiheit**: rigide, vorhersehbar, reaktiv.

Zuviel Rückkopplung, zu wenig Raum

Wie wir gesehen haben, braucht Freiheit ein Gleichgewicht aus Kohärenz und Plastizität. Wenn aber Rückkopplungsschleifen zu stark werden – etwa durch Angst, Kontrolle oder ständige Wiederholung – dann verliert das System seine Offenheit. Es reagiert nur noch auf bekannte Muster, reproduziert sich selbst ohne neue Variation. Es wird **autopoietisch geschlossen**, aber nicht mehr **evolutionär offen**.

Muster der Verhärtung

- In der Biologie: Zellen, die aufhören zu differenzieren, werden funktional starr – oder entarten.
- In der Psychologie: Traumatische Erfahrungen können das Selbst fixieren – es reagiert immer wieder gleich, vermeidet Neues, um Kontrolle zu behalten.
- In der Gesellschaft: Systeme mit Machtkonzentration und Angstregimes erzeugen Konformität, nicht Kreativität.

Unfreiheit ist nicht nur äußerlich – sie kann **in die Struktur des Subjekts selbst eingeschrieben** sein. Ein Selbst, das sich nur noch schützen, nicht mehr verändern will, verliert seinen inneren Freiheitsraum.

Kontrollillusion und Sicherheitsfalle

Ironischerweise entsteht Unfreiheit oft aus dem Wunsch nach Sicherheit. Kontrolle verspricht Verlässlichkeit – aber sie reduziert Möglichkeiten. Ein System, das alles ausschließt, was es irritieren könnte, verliert die Fähigkeit zur **Selbstkorrektur**. Es wird **fragil**, nicht robust.

Die Rolle der Sprache und Bilder

Unfreiheit kann sich auch sprachlich verfestigen: durch Begriffe, die Alternativen ausschließen; durch Narrative, die nur eine Wahrheit zulassen; durch Bilder, die keine Bewegung mehr erlauben. Wenn Sprache nicht mehr differenziert, sondern fixiert, wird sie zum **Werkzeug der Unfreiheit**.

Wege der Verflüssigung

Doch selbst verhärtete Systeme sind nicht endgültig verloren. Oft braucht es nur eine Irritation – einen Witz, ein Paradox, einen fremden Blick – um Risse in der Struktur zu öffnen. Dort beginnt der Weg zurück in die Bewegung: durch **Infragestellung, Resonanz, Mitgefühl und Spiel**.

Freiheit kehrt nicht durch Gewalt zurück, sondern durch **Differenz im richtigen Moment**.

Im nächsten Kapitel schauen wir auf die große Bewegung des Lebendigen – die Evolution – und welche Rolle Freiheit dort spielt: nicht als Ideal, sondern als **notwendige Bedingung** für das Entstehen von Neuem.

Variation, Selektion und die Notwendigkeit des Offenen

Wenn wir das Lebendige betrachten – von der Molekülstruktur bis zur menschlichen Kultur –, erkennen wir ein wiederkehrendes Prinzip: **Evolution durch Variation und Selektion**. Neue Möglichkeiten entstehen, sie werden erprobt, und manche davon stabilisieren sich. Dieser Prozess ist nur möglich, wenn **Differenz erlaubt ist** – und genau das ist die tiefere Bedeutung von Freiheit.

Evolution als Differenzfluss

Evolution ist selbst ein Ausdruck des Differenzflusses: Unterschiede entstehen, werden vernetzt, verstärkt oder verworfen. Freiheit ist in diesem Zusammenhang nicht das Ziel, sondern **die Voraussetzung**. Ohne Freiheit keine Variation. Ohne Variation keine Auswahl. Ohne Auswahl kein Werden.

Freiheit ist also **nicht Luxus**, sondern **Strukturelement jedes kreativen Prozesses**. Systeme, die keine Freiheit zulassen, können sich vielleicht erhalten – aber nicht wachsen. Sie bleiben statisch, verwundbar, blind für Neues.

Freiheitsgrade in biologischen Systemen

- In der Genetik bedeutet Freiheit: Mutationen, die nicht sofort tödlich sind.
- In der Ökologie: Nischen, in denen neue Arten überleben können.

- In neuronalen Netzen: Plastizität, die Lernen erlaubt.

Jede höhere Form von Komplexität entsteht, weil irgendwo **offene Räume** existieren, in denen neue Differenzierungen ausprobiert werden dürfen.

Kulturelle Evolution

Auch Kultur evolviert: Ideen, Praktiken, Werte werden variiert, kopiert, selektiert. Die Entstehung von Sprache, von Wissenschaft, von Kunst – all das sind Prozesse, die **Freiheitsräume benötigen**, in denen das Unwahrscheinliche überleben darf. Freiheit ist dabei nicht Chaos, sondern **geordnetes Möglichkeitsfeld**.

Kulturelle Systeme, die abweichende Ideen zulassen, entwickeln sich schneller und resilienter. Systeme, die abweichende Ideen unterdrücken, werden irgendwann von der Realität überrollt.

Bewusstsein als Freiheitsverstärker

Das menschliche Bewusstsein ist in diesem Zusammenhang ein Sonderfall: Es kann **Möglichkeiten imaginieren**, bevor sie realisiert werden. Es kann Zukünfte entwerfen, Handlungen simulieren, Alternativen abwägen. Bewusstsein ist **Freiheit in der Simulation** – und damit eine neue Qualität evolutionärer Offenheit.

Freiheit als evolutionäre Verantwortung

Wenn Freiheit notwendig ist für das Werden, dann trägt jedes System, das Freiheit verwaltet, auch Verantwortung:

- Für die Erhaltung von Möglichkeitsräumen,
- Für die Pflege von Diversität,
- Für die Bereitschaft, Irritation zuzulassen.

Freiheit ist kein Zustand, sondern ein **ökologisches Prinzip**. Wer sie schützt, schützt das Leben selbst.

Im nächsten Kapitel werden wir einen der zentralen Hebel betrachten, über die Freiheit strukturell beeinflusst werden kann: **die Sprache** – als Differenzmaschine, als Framing-Werkzeug, als Möglichkeitsfilter.

Wie Worte Räume öffnen oder verschließen

Sprache ist mehr als ein Mittel zur Kommunikation. Sie ist ein **Werkzeug zur Weltstrukturierung**. Sie teilt, unterscheidet, verbindet. Sie schafft Kategorien, formt Bedeutungsräume – und begrenzt sie zugleich. In einer differenztheoretischen Perspektive ist Sprache selbst ein **Differenzgenerator**, der den Fluss der Möglichkeiten formt.

Sprache als Differenzmaschine

Jedes Wort ist eine Unterscheidung: "Baum" ist nicht "Haus". "Ich" ist nicht "Du". Sprache schafft damit stabile Inseln im Fluss der Wahrnehmung – Begriffe, mit denen wir die Welt handhabbar machen. Aber diese Stabilisierung hat ihren Preis: Sie **blendet andere Differenzen aus**. Was benannt wird, ist sichtbar – was keinen Begriff hat, bleibt ungesagt.

Framing und Wirklichkeitslenkung

Sprache wirkt nicht neutral. Sie lenkt den Blick, bestimmt, was als relevant gilt. Schon durch die Wahl eines Begriffs – "Schmarotzer" oder "Hilfebedürftiger" – wird eine ganze Welt evoziert. Wer die Sprache kontrolliert, kontrolliert **den Möglichkeitsraum des Denkens**.

Freiheit beginnt also dort, wo Sprache **nicht festlegt**, sondern **öffnet**. Wo sie nicht nur benennt, sondern befragt. Wo sie neue Verbindungen erlaubt, statt alte Muster zu wiederholen.

Metaphern als Freiheitsvektoren

Metaphern sind besonders wirkmächtige Sprachformen. Sie übersetzen Unterschiede in andere Kontexte, schaffen Verbindungen zwischen scheinbar Fremdem. Eine gute Metapher ist ein **Freiheitsmoment**: Sie erlaubt, anders zu sehen – und damit anders zu denken, zu fühlen, zu handeln.

Umgekehrt kann eine schlechte oder abgegriffene Metapher Denkwege verengen. Wer etwa sagt, "der Markt regelt alles", hat schon einen großen Teil des Denkens **in ein vorgefertigtes Bild gesperrt**.

Sprachliche Selbstermächtigung

Freiheit in der Sprache heißt, dass man:
- die eigenen Begriffe hinterfragt,
- neue Worte erfindet,
- Bedeutungen verschiebt,
- Sprachspiele betreibt.

Es heißt auch, sich nicht von der Sprache beherrschen zu lassen, sondern sie **bewusst als Werkzeug zu nutzen**. Sprache kann Gefängnis oder Flugzeug sein – abhängig davon, wie man mit ihr umgeht.

Bedeutung als lebendiger Fluss

Bedeutung ist nie statisch. Sie entsteht im **Gebrauch**, im **Kontext**, in der **Resonanz** zwischen Sprecher und Hörer. Ein freier Umgang mit Bedeutung heißt, dass wir **nicht festschreiben**, sondern **mitschwingen**. Dass wir bereit sind, uns überraschen zu lassen.

Im nächsten Kapitel wenden wir den Blick auf die nächste große Kraft, die den Freiheitsraum formt – die **Macht**. Nicht als böses Prinzip, sondern als strukturelles Phänomen im Differenznetz.

Zentren im Fluss und die Gravitation der Kontrolle

Macht ist kein Feind der Freiheit – aber sie ist ihre **Bedingung und ihre Gefahr** zugleich. In differenztheoretischer Sicht ist Macht eine **Verdichtung von Differenzverarbeitung**: ein Knoten im Fluss, an dem viele Ströme zusammenlaufen. Solche Knoten können Orientierung geben – oder den Fluss umlenken, kanalisieren, blockieren.

Macht als Strukturverstärker

Wo viele Relationen auf einen Punkt bezogen werden, entsteht Macht. Wer bestimmen kann, **welche Unterschiede zählen**, wer entscheiden darf, **welche Alternativen real sind**, hat strukturellen Einfluss. Macht bedeutet: **Differenzvergabe**. Sie ist ein Mechanismus zur **Fokusbildung** – und damit zugleich zur **Ausschließung** anderer Möglichkeiten.

Gravitation im Differenzfluss

Man kann Macht mit Gravitation vergleichen: Sie zieht an, sie verdichtet, sie formt Umlaufbahnen. Kleine Strukturen ordnen sich größeren unter. In stabilen Systemen entsteht so eine gewisse Ordnung – doch bei zu starker Konzentration kommt es zum **Kollaps**: Der Freiheitsraum verengt sich, das System wird zum **monolithischen Zentrum**.

Macht und Freiheitsgradienten

Freiheit ist im Differenzfluss nicht gleichmäßig verteilt. Sie bildet **Gradienten**: Zonen hoher Offenheit und Zonen starker Einschränkung. Macht kann diese Gradienten **verschärfen oder abflachen**. In klugen Systemen wird Macht **dezentral** und **durchlässig** gehalten – wie ein Netzwerk, nicht wie eine Pyramide.

Unsichtbare Macht

Besonders wirksam ist Macht dort, wo sie **unsichtbar** bleibt: in Normen, in Gewohnheiten, in impliziten Annahmen. Wer z. B. bestimmt, **was als normal gilt**, kann Verhalten lenken, ohne Befehle zu geben. Diese Form der Macht ist besonders relevant für Freiheitsfragen – denn sie wirkt dort, wo sich die Menschen **frei wähnen**.

Machtkritik als Freiheitsarbeit

Freiheit entsteht nicht gegen Macht, sondern durch bewussten **Umgang mit ihr**. Dazu gehört:

- Macht sichtbar machen,
- Verhältnisse hinterfragen,
- Feedback-Schleifen etablieren,
- Abhängigkeiten lockern,
- Selbstwirksamkeit fördern.

Macht als Energieform

Man kann Macht auch neutral verstehen: als **Energie im Differenznetz**, als Fähigkeit, Veränderungen herbeizuführen. Entscheidend ist nicht, dass Macht existiert – sondern **wie sie verteilt, rückgekoppelt und legitimiert** ist.

Im nächsten Kapitel wenden wir uns einer engen Schwester der Freiheit zu: **der Verantwortung** – als innere Kopplung von Handlung, Wirkung und Bewusstsein.

Verknüpfung von Handlung, Wirkung und Bewusstsein

Freiheit allein genügt nicht. Ohne Verantwortung wird sie zur Beliebigkeit, zur Willkür, zur bloßen Optionensucht. Erst durch **Verantwortung** wird Freiheit **bedeutungsvoll** – weil sie sich mit Wirkung verbindet.

In der Perspektive des Differenzflusses ist Verantwortung die **Rückkopplung zwischen Differenz und Folge**: Die Fähigkeit, eigene Unterscheidungen und Handlungen im Licht ihrer Wirkungen zu reflektieren – und gegebenenfalls zu modifizieren.

Verantwortung als innere Schleife

Ein freies System, das nicht nur handelt, sondern auch die **Folgen seines Handelns spürt**, ist zu Verantwortung fähig. Diese Fähigkeit erfordert:
- **Gedächtnis**, um Wirkung über Zeit zu erfassen,
- **Modellbildung**, um Ursache-Wirkung-Bezüge zu erkennen,
- **Empathie oder Resonanz**, um auch fremde Perspektiven einzubeziehen.

Verantwortung ist damit keine äußere Pflicht, sondern eine **interne Rückkopplungsschleife**, die das System kohärent und lernfähig hält.

Freiheit im Spiegel der Wirkung

Eine Handlung ist nur dann wirklich frei, wenn das System auch fähig ist, ihre Folgen wahrzunehmen und in zukünftige Entscheidungen einfließen zu lassen. Sonst bleibt die Handlung **reaktiv** oder **impulsiv**, aber nicht **bewusst frei**.

Freiheit ohne Verantwortung kann andere Freiheitsräume beschädigen. Verantwortung ohne Freiheit verkommt zur bloßen Pflichterfüllung. Erst in der **Verbindung beider entsteht Reife**.

Verantwortung als emergente Ethik

In komplexen, rekursiven Systemen wie Gesellschaften entsteht Verantwortung nicht nur individuell, sondern auch **systemisch**:

- In der Gestaltung von Regeln und Rückmeldeschleifen,
- In der Sichtbarkeit von Konsequenzen,
- In der Verteilung von Handlungs- und Wirkungsräumen.

Verantwortung ist dann **kein Moralprinzip**, sondern eine **strukturelle Bedingung für nachhaltige Freiheit**.

Freiheitskompetenz

Wer frei sein will, muss lernen, verantwortlich zu handeln. Das ist kein einmaliger Akt, sondern ein **prozesshaftes Lernen**: Fehler machen, Feedback empfangen, Modelle aktualisieren.

Diese Fähigkeit nennen wir hier **Freiheitskompetenz**: die Fähigkeit,

- zwischen Alternativen zu wählen,
- die Folgen zu reflektieren,
- und das eigene Handeln im Fluss des Ganzen zu verorten.

Im nächsten Kapitel blicken wir von der Theorie in die Welt – und fragen, wie gesellschaftliche Strukturen Freiheit ermöglichen oder verhindern können. Es geht um Bildung, Kultur, Systeme – und um die Architektur des Möglichen.

Bildung, Kultur und die Architektur der Freiheit

Freiheit ist kein rein individuelles Phänomen. Sie ist **strukturell eingebettet**: in gesellschaftliche Regeln, kulturelle Codes, institutionelle Formen. Eine Gesellschaft kann Freiheitsräume öffnen – oder sie systematisch verengen. In diesem Kapitel blicken wir auf die **Bedingungen kollektiver Freiheit**.

Bildung als Differenzkompetenz

Bildung ist nicht das Anfüllen von Köpfen mit Wissen, sondern die **Ermöglichung von Differenzierung**. Wer gelernt hat, zwischen Optionen zu unterscheiden, Perspektiven zu wechseln, Begriffe zu hinterfragen, ist in der Lage, **Freiheitsräume zu erkennen und zu gestalten**.

Eine freie Gesellschaft braucht also nicht nur Wissen, sondern **Freiheitskompetenz** – die Fähigkeit, mit Offenheit umzugehen, ohne in Beliebigkeit zu verfallen.

Kultur als Freiheitsfeld

Kultur prägt, was als denkbar, sagbar und lebbar gilt. Sie ist der **unsichtbare Rahmen**, innerhalb dessen sich Freiheit entfalten kann – oder eben nicht. Kulturen mit starker Normierung und Tabuisierung engen die Differenzräume ein. Kulturen, die Widerspruch, Spiel und Wandel zulassen, schaffen **Resonanzräume für Freiheit**.

Institutionen als Freiheitsarchitektur

Auch die Form der Institutionen spielt eine Rolle:
- Sind Entscheidungswege durchlässig?
- Gibt es Rückkopplung?
- Werden Abweichungen bestraft oder integriert?

Eine demokratische Struktur ist nur dann freiheitsförderlich, wenn sie nicht nur formale Mitbestimmung erlaubt, sondern auch **informelle Differenzierung zulässt** – etwa durch Vielfalt in Medien, Bildung und Alltagsdiskursen.

Bottom-up statt Top-down

Freiheit gedeiht besonders gut in **fraktalen, dezentralen Strukturen**, wo jede Ebene eigene Verantwortung trägt – und zugleich rückgekoppelt ist an die nächsthöhere. Solche Systeme sind **resilienter**, da sie Irritation nicht unterdrücken, sondern verarbeiten können.

Soziale Freiheitsverteilung

Freiheit ist oft ungleich verteilt: ökonomisch, sozial, kulturell. Ein System, das individuelle Freiheit sichern will, muss daher auch strukturelle Bedingungen schaffen, die **Teilhabe** ermöglichen: Zugang zu Bildung, Gesundheit, Sicherheit, Kultur. Ohne diese Grundlagen wird Freiheit zum Privileg – nicht zur Struktur.

Fehlerkultur als Freiheitsindikator

Eine Gesellschaft, die Freiheit ernst meint, muss den Umgang mit Fehlern kultivieren. Denn Fehler sind Differenzen, die sich nicht im Vorhinein vermeiden lassen – sondern erst durch Erfahrung sichtbar werden.

Eine reife Fehlerkultur erkennt Fehler nicht als Makel, sondern als **Gelegenheit zur Differenzierung**. Sie erlaubt es, Irrtümer zu benennen, Hypothesen zu hinterfragen, aus Irritation zu lernen. Dort, wo Fehler bestraft oder tabuisiert werden, entsteht Angst – und Angst ist der natürliche Feind der Freiheit.

Freiheit gedeiht dort, wo man scheitern darf, ohne ausgeschlossen zu werden. Wo Fehler nicht als persönliche Schwäche, sondern als Teil eines lebendigen Erkenntnisprozesses verstanden werden. Eine solche Kultur braucht Mut, Offenheit und die Bereitschaft, Kontrolle gegen Entwicklung einzutauschen.

Freiheit als kollektive Praxis

Freiheit ist nicht nur ein Zustand, sondern ein **gemeinsames Tun**. Eine Gesellschaft, die sich der Freiheit verpflichtet, muss sie **praktizieren**: in ihren Diskussionen, in ihren Institutionen, in ihrer Sprache. Es ist ein **ständiger Aushandlungsprozess**, kein abgeschlossenes Projekt.

Im nächsten Kapitel wenden wir uns einer Frage zu, die über das Konzept hinausweist: **Wie kann man Freiheit säen**? Wie können Ideen, Bilder, Worte und Strukturen entstehen, die Freiheitsräume in anderen öffnen? Es geht um **memetische Saat**, um Gestaltung – und um Zukunft.

Memetische Saat, Resonanzräume und Gestaltungskraft

Freiheit kann man nicht geben – nur ermöglichen. Sie lässt sich nicht verordnen, aber sie kann **wachsen**, wenn der Boden stimmt. In diesem Kapitel geht es darum, wie Freiheit in anderen entstehen kann: durch Worte, Gesten, Bilder, Strukturen.

Freiheit pflanzen: Die Idee der memetischen Saat

Jede Idee, jede Metapher, jede Erzählung trägt ein Potential: Sie kann **Differenz erzeugen**. Wenn sie in einem fruchtbaren Kontext auf Resonanz trifft, beginnt sie sich zu entfalten – und erzeugt neue Sichtweisen, neue Fragen, neue Möglichkeiten. Das ist **memetische Saat**: Gedanken, die sich einnisten, verknüpfen, verwandeln.

Freiheitsfördernde Memetik achtet darauf,
- **Offenheit zu erhalten**, statt Dogmen zu verbreiten,
- **Begriffe zu weiten**, statt zu verengen,
- **Resonanz zu wecken**, statt zu überreden.

Geschichten als Freiheitsgeneratoren

Erzählungen sind besonders wirkmächtig. Sie schaffen **Weltmodelle**. Gute Geschichten zeigen, dass Veränderung möglich ist – dass das Unwahrscheinliche geschehen kann. Sie öffnen den Raum des Denkbaren, weil sie mit Erwartungen spielen. Sie können Menschen aus starren Selbstbildern herauslösen – und neue Möglichkeitsräume sichtbar machen.

Räume, in denen Freiheit wurzeln kann

Freiheit gedeiht dort, wo
- **Vielfalt erlebt werden darf**,
- **Unterschiede nicht sofort bewertet**, sondern befragt werden,
- **Spielräume zum Ausprobieren** existieren,
- **Fehler nicht bestraft**, sondern genutzt werden.

Solche Räume entstehen nicht zufällig. Sie sind gestaltbar: in Bildung, in Kunst, in Technologie, in zwischenmenschlichen Beziehungen. Freiheit ist **kein Zustand**, sondern eine **Haltung**, die sich in Strukturen niederschlägt.

Der Mensch als Gärtner des Möglichen

Jeder Mensch kann Freiheitsräume säen – durch das, was er sagt, wie er zuhört, wie er entscheidet.

- Wer eine Frage stellt, statt eine Antwort zu geben, sät Freiheit.
- Wer ein offenes Bild malt, statt ein fertiges zu zeigen, sät Freiheit.
- Wer anderen zutraut, eigene Wege zu finden, sät Freiheit.

Freiheit ist kein Besitz. Sie ist ein **Klang, der sich vervielfacht**, wenn er Resonanz findet. Dieses Kapitel ist selbst ein Samenkorn – vielleicht trägt es Frucht, vielleicht nicht. Aber es darf wachsen, wo es Boden findet.

Im Nachwort wollen wir noch einmal zurückblicken: auf das, was sich entfaltet hat – und auf das, was offen bleibt.

Freiheit als Einladung zum Werden

Dieses Buch war kein Versuch, Freiheit zu definieren – sondern ein Weg, sie **anders zu sehen**. Als Bewegung, nicht als Besitz. Als Differenzraum, nicht als Zustand. Als Resonanz, nicht als Dogma.

Wir haben Freiheit betrachtet als:
- **lokale Offenheit im Differenzfluss**,
- **Plastizität innerhalb rekursiver Strukturen**,
- **Voraussetzung für Evolution**,
- **Spiegelung im Selbst**,
- **Verantwortung in Rückkopplung**,
- **Gestaltungsraum in Kultur und Gesellschaft**.

Dabei ist nichts endgültig. Auch dieses Denken ist Teil eines Flusses. Es will **anregen, nicht abschließen**. Was du daraus machst, liegt bei dir. Vielleicht hast du neue Fragen gefunden. Vielleicht hast du Resonanz gespürt. Vielleicht ist ein kleines Samenkorn in dir aufgegangen.

Wenn das geschieht, hat dieses Buch seinen Zweck erfüllt.

Freiheit beginnt dort, wo du dich bewegst. Wo du einen Unterschied machst. Wo du in einem anderen einen Raum aufmachst, den er selbst füllen darf.

In diesem Sinne: Möge dein Denken blühen.
Mögest du Räume öffnen.

Mögest du selbst ein Fluss werden, der andere nährt.